Mi Increíble Serie de Comportamiento Para Niños Pequeños

Tengo Un Gran Trabajo.

¡Soy Un HERMANO MAYOR!

Un Libro Infantil Con Mensajes Positivos Sobre La Llegada De Un Hermanito O Hermanita (2-4 Años)

Por Suzanne T. Christian

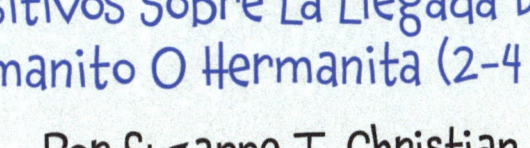

TWORAVENS
BOOKS

Two Little Ravens
CHILDREN'S NON-FICTION BOOKS

ISBN de la edición en tapa blanda: 9781968080099
ISBN de la edición en tapa dura: 9781968080105
ISBN de la edición digital: 9781968080112

Publicado en los Estados Unidos por Two Ravens Books LLC,
254 Chapman Rd, Ste 209, Newark DE 19702

'Ampliando mentes, liberando imaginaciones, una obra a la vez'.
www.tworavensbooks.com

Bienvenidos a
"Tengo Un Gran Trabajo. ¡Soy Un Hermano Mayor!"

Este tierno libro acompaña a los niños pequeños en la emocionante experiencia de tener un nuevo hermanito o hermanita. A través de afirmaciones sencillas y situaciones cotidianas con las que se sentirán identificados, los niños aprenderán sobre la empatía, el orgullo y la cooperación.

Las ilustraciones, llenas de color, capturan momentos del día a día y convierten cada lectura en una experiencia divertida que refuerza la confianza.

Al recordar estos mensajes positivos, tu hijo o hija fortalecerá su autoestima mientras aprende a cuidar del nuevo bebé con cariño y paciencia.

¡Prepárense para un viaje lleno de ternura, conexión y descubrimientos, mientras ayudan a su pequeño a convertirse en el mejor hermano mayor posible!

Suzanne T. Christian

Soy un hermano mayor, ¡y este es mi trabajo súper especial!

Me encanta hacer muecas graciosas para que el/la Bebé _____ sonría.

Mis manitas suaves protegen
al/a la Bebé _____.
¡Soy un hermano mayor!

Cuando Mamá está ocupada, puedo mostrarle al/a la Bebé _____ mi juguete favorito.

A veces me pongo triste cuando Mamá acaricia al/a la Bebé _____, ¡pero sé que Mamá también me quiere mucho!

Incluso cuando Mamá carga al/a la Bebé _____, ella sigue queriéndome.

Puedo ayudar a cambiar pañales alcanzando las toallitas húmedas. ¡Qué gran trabajo!

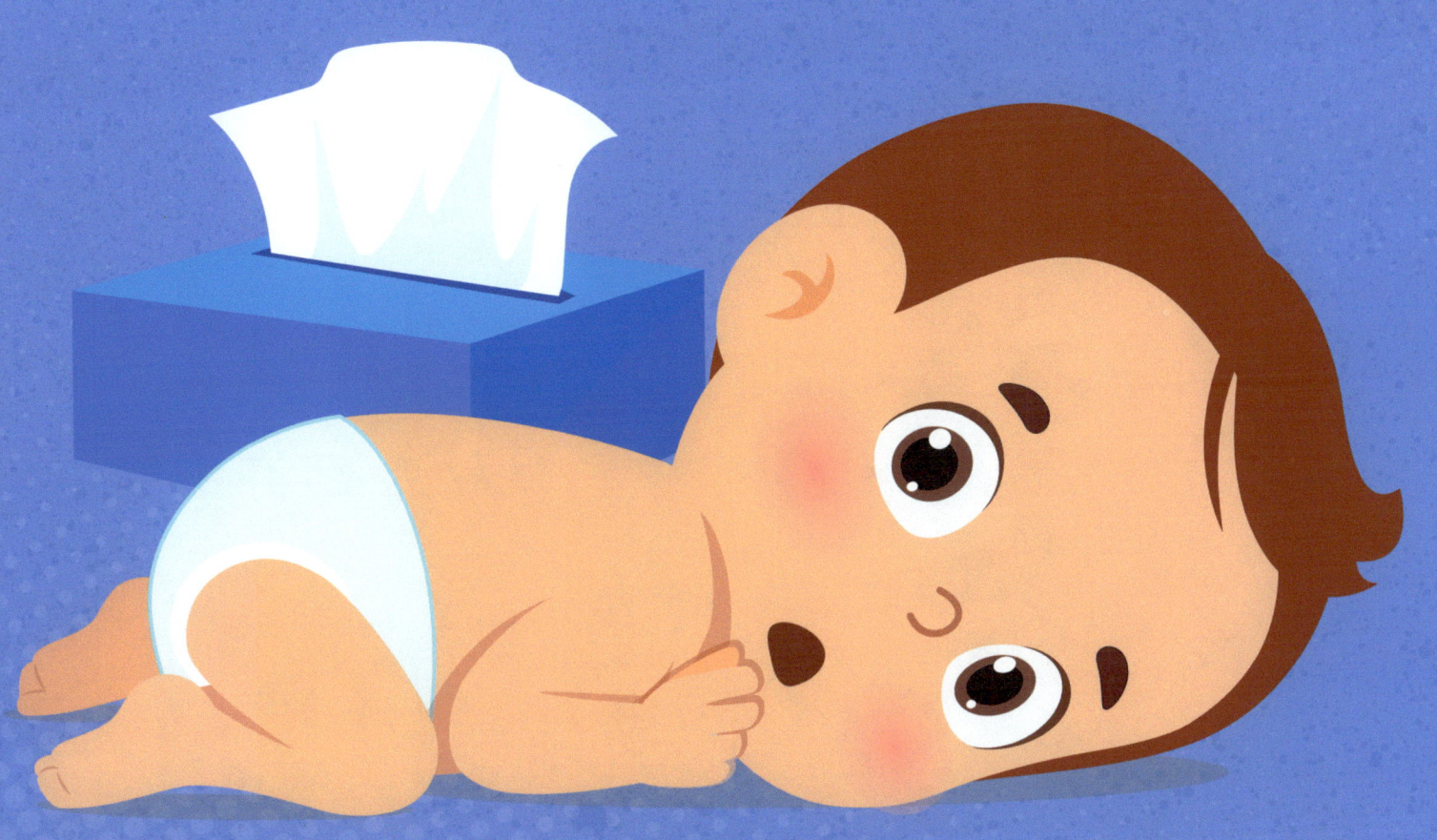

Puedo enseñarle a aplaudir al/a la Bebé _____.
¡Es un juego muy divertido!

El/la Bebé _____ agarra mi dedo con sus pequeñas manitas, ¡y eso me hace sonreír!

Cuando el/la Bebé _____ llora, le puedo llevar su peluche favorito para que se sienta mejor.
¡Soy un hermano mayor!

Mis suaves abrazos hacen que el/la Bebé _____ se sienta abrigadito(a) y querido(a). ¡Soy un hermano mayor!

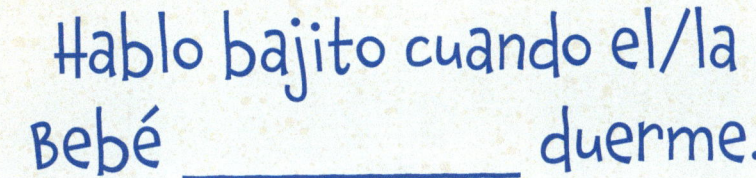

Hablo bajito cuando el/la
Bebé _____ duerme.

Me encanta leerle cuentos al/a la Bebé _____. ¡Algunas palabras suenan tan graciosas!

¡Tengo un gran trabajo! Puedo ayudar a traer el biberón del/de la Bebé _____. ¡Soy un hermano mayor!

Es súper divertido jugar al cucú y hacer reír al/a la Bebé _____.

Puedo enseñarle al/a la Bebé _____ a hacer rodar una pelota.

¡rueda, rueda, rueda!

Si el/la Bebé _____ hace ruido,
yo me quedo tranquilo y calmado.

Está bien si el/la Bebé _____ llora mucho.
¡Así es como hablan los bebés!

Puedo ayudar al/a la Bebé
_____ a aprender
nuevas palabras:
"Mamá," "Papá," y

"¡Hermano!"

Puedo darle un besito en la cabecita
al/a la Bebé _____.

¡Cuando el/la Bebé _____ sonríe, me siento muy feliz!

Tengo Un Gran Trabajo.

¡Soy Un HERMANO MAYOR!

Fin!

Mi Increíble Serie de Comportamiento Para Niños Pequeños

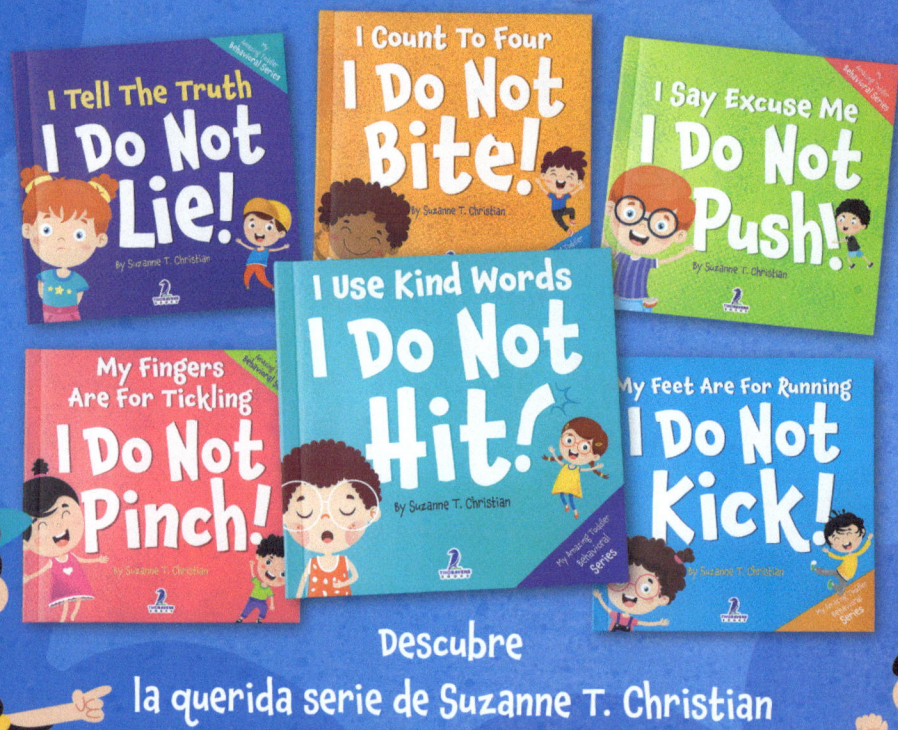

Descubre
la querida serie de Suzanne T. Christian
'Mi Increíble Serie de Comportamiento
Para Niños Pequeños.'
¡Los pequeños lectores seguramente la disfrutarán!

Two Little Ravens
CHILDREN'S NON-FICTION BOOKS

Querido y Maravilloso Lector,

Qué alegría que estés aquí, acompañándome en **"Tengo Un Gran Trabajo. ¡Soy Un Hermano Mayor!"** Muchas gracias por sumergirte en esta aventura. Si este libro tocó tu corazón o marcó una diferencia en la vida de un pequeño lector, te invito a compartir tus opiniones en una reseña. Tus palabras no solo me inspiran para mi trabajo futuro, sino que también ayudan a otros a descubrir la magia de estas páginas.

Si tienes ideas o sugerencias para hacer este libro aún más especial, ¡me encantaría escucharlas! Escríbeme a **suzanne. christian@tworavensbooks.com**. Tu opinión es muy importante para mí y la valoro muchísimo.

Con cariño y gratitud,

www.ingramcontent.com/pod-product-compliance
Lightning Source LLC
Chambersburg PA
CBHW041439120626
46547CB00002B/274